Anne Marrez & Maggie Oda

Das kleine Übungsheft

Frieden schließen mit dem eigenen Körper

Aus dem Französischen von
Claudia Seele-Nyima

Illustrationen von Sophie Lambda

TRINITY

Anne Marrez, studierte Psychologin, verbindet in ihrer Arbeit klassische verhaltenstherapeutische Techniken mit achtsamkeits- und akzeptanzbasierten Strategien (ACT). Seit zehn Jahren ist sie Teil eines interdisziplinären Teams, das übergewichtige Patienten beim Abnehmen unterstützt.

Maggie Oda ist Psychologin und kognitive Verhaltenstherapeutin. Momentan praktiziert sie freiberuflich sowohl in eigener Praxis als auch an einer Klinik.

Die Originalausgabe ist erstmals 2014
bei Éditions Jouvence erschienen.
Titel der französischen Originalausgabe:
Petit cahier d'exercices d'acceptation de son corps

Chemin du Guillon 20, Case 184, CH-1233 Bernex.
www.editions-jouvence.com,
info@editions-jouvence.com

3. Auflage 2018

Umschlaggestaltung: Guter Punkt, München
Satz: Veronika Preisler, München
Druck und Bindung: Pustet, Regensburg
ISBN 978-3-95550-125-9

www.die-kleinen-uebungshefte.de

»Die Selbstzufriedenheit
st in Wahrheit das Größte,
was man erhoffen kann.«

(Baruch de Spinoza)

Der Titel dieses kleinen Übungshefts hat Ihr Interesse geweckt?

Willkommen!

So wie viele von uns finden auch Sie sich bestimmt zu klein, zu groß, zu dünn, zu dick, zu blass ... Sie meinen, Sie seien mit einer Menge Makel behaftet, die andere vielleicht gar nicht sehen: zu wenig Busen, zu dicke Oberschenkel, nicht genügend Muskeln usw. – die Liste könnte lang sein.

Körperliche Mängel sind zwar etwas ganz Normales, doch bisweilen führen sie zu Unzufriedenheit mit dem eigenen Körper. Unsere Makel nicht zu akzeptieren, kann sehr viel Leid verursachen.

In diesem kleinen Heft stellen wir Ihnen eine Reihe von Übungen vor, die Sie dabei unterstützen sollen, sich Ihre Schwierigkeiten bewusst zu machen, sie zu verstehen und Abstand zu ihnen zu gewinnen. Auf diese Weise möchten wir Ihnen gerne helfen, noch einmal über Ihr Aussehen nachzudenken und sich so anzunehmen, wie Sie sind – mit all Ihren Vorzügen und Makeln. Wir wünschen uns, dass Sie ein Leben im Einklang mit Ihren grundlegenden Werten führen können, ohne sich dabei von vermeintlichen äußeren Makeln ausbremsen zu lassen.

Einführung

Definition des Körperbildes und der Körperunzufriedenheit

Das Körperbild ist die geistige Vorstellung, die ein Mensch von seinem Körper und seiner Attraktivität hat. Es ergibt sich aus Interaktionen zwischen dem Körper, der Psyche, dem persönlichen Werdegang der betreffenden Person und ihrer Umgebung. Im Jahr 1992 erklärte Joel Kevin Thompson, Professor für Psychologie an der University of South Florida, die negative Bewertung des eigenen Körpers sei auf drei Komponenten zurückzuführen:

- **Die Komponente der Wahrnehmung** (oder der körperlichen Verzerrung): der Grad der Unstimmigkeit in der Wahrnehmung des eigenen Körpers.

Zum Beispiel: »Ich bin dick und hässlich – das sehe ich.«

Die Komponente der Einstellung (oder der Körperunzufriedenheit): mangelnde Zufriedenheit, Besorgnis, negative kognitive Bewertung und Ängstlichkeit in Bezug auf den eigenen Körper.

Zum Beispiel: »Ich fühle mich mies mit diesem Muttermal, es wird mir mein Leben ruinieren.«

Die Komponente des Verhaltens: Dazu gehört unter anderem das Vermeiden von Situationen, in denen Sie sich in Ihrem Körper unwohl fühlen. Es können auch andere ungünstige Verhaltensweisen sein, wie sich mit anderen vergleichen, das eigene Aussehen exzessiv korrigieren …

Zum Beispiel: »Jedes Mal, wenn ich mich im Spiegel sehe, ergreife ich die Flucht.«

Die Kommponente des Verhaltens ist der emotionale Ausdruck eines negativen Körpererlebens und im Allgemeinen dann vorhanden, wenn der Unterschied zwischen der Realität und dem Bild, das Sie von Ihrem Körper haben, zu groß ist. Infolgedessen erscheint Ihnen Ihr Körper als sehr weit vom Ideal entfernt, und diese Diskrepanz wird dann zur Ursache von Leid und Verunsicherung.

Wie ich mich wahrnehme

Welcher Unzufriedenheitstyp bin ich?

Lassen Sie uns nun eine Bestandsaufnahme Ihrer Unzufriedenheit mit Ihrem Körper machen.
Beantworten Sie die folgenden Fragen, um einzuschätzen, ob Ihnen die Unzufriedenheit mit Ihrem Körper zu schaffen macht, und wenn ja, in welchem Ausmaß. Kreisen Sie dafür jeweils die Zahl ein, die Ihrer Antwort entspricht, und zählen Sie anschließend all Ihre Punkte zusammen.

	Nie	Selten	Manchmal	Oft	Immer
1. Wenn ich mich im Spiegel ansehe, schäme ich mich.	0	1	2	3	4
2. Ich finde, ich habe keinerlei körperliche Vorzüge.	0	1	2	3	4
3. Ich bin stolz auf meinen Körper.	4	3	2	1	0
4. Ich beneide andere um ihren Körper.	0	1	2	3	4
5. Ich ziehe eine Schönheits-OP in Betracht.	0	1	2	3	4
6. Wie andere mich sehen, ist für mich sehr wichtig.	0	1	2	3	4

	Nie	Selten	Manch-mal	Oft	Immer
7. Es gefällt mir, wie ich auf Fotos aussehe.	**4**	**3**	**2**	**1**	**0**
8. Ich vergleiche mein Aussehen mit dem von Menschen, die in Zeitschriften zu sehen sind.	**0**	**1**	**2**	**3**	**4**
9. Mir gefällt, was ich sehe, wenn ich mich im Spiegel betrachte.	**4**	**3**	**2**	**1**	**0**
10. Ich kaufe mir gerne etwas zum Anziehen.	**4**	**3**	**2**	**1**	**0**
11. Ich sage mir, dass ich vieles an meinem Aussehen ändern würde, wenn ich könnte.	**0**	**1**	**2**	**3**	**4**
12. Ich finde mich schön.	**4**	**3**	**2**	**1**	**0**
13. Ich sähe gerne aus wie jemand anderes.	**0**	**1**	**2**	**3**	**4**
14. Ich bin um mein Aussehen besorgt.	**0**	**1**	**2**	**3**	**4**
15. Mein Körper widert mich an.	**0**	**1**	**2**	**3**	**4**
16. Ich wäre glücklicher, wenn ich anders aussähe.	**0**	**1**	**2**	**3**	**4**
17. Ich finde die anderen schöner als mich.	**0**	**1**	**2**	**3**	**4**

Ihre Gesamtpunktzahl: ..../68

Ergebnis:

Wenn Sie eine Punktzahl zwischen **0 und 17** erreicht haben, ist Körperunzufriedenheit nicht Ihr Problem, Sie fühlen sich wohl in Ihrem Körper und mit Ihrem Aussehen. Das allgemeine Schönheitsdiktat hat Sie nicht in die Falle gelockt, Sie nehmen sich so an, wie Sie sind, trotz Ihrer körperlichen Unzulänglichkeiten. Sie tragen Sorge für Ihren Körper und Ihre Gesundheit und haben gute Beziehungen zu anderen.

Wenn Sie eine Punktzahl zwischen **18 und 34** erreicht haben, sind Sie mäßig besorgt um Ihr Aussehen. Gewisse Situationen können Sie verunsichern. Einige körperliche Unzulänglichkeiten, die auf bestimmte Stellen begrenzt sind, machen Ihnen zu schaffen. Auf den folgenden Seiten werden Sie bestimmt Lösungen finden.

Wenn Sie eine Punktzahl zwischen **35 und 68** erreicht haben, ist die Unzufriedenheit mit Ihrem Körper für Sie mit viel Leid verbunden. Sie beeinträchtigt Ihre Beziehung zu anderen und behindert Sie im Alltag. Ihr Körper schränkt Sie ein oder wird sogar zum Gefängnis für Sie. Wir möchten Sie dazu ermuntern, in diesem Heft weiterzulesen und die vorgeschlagenen Übungen zu machen.
Hören Sie nicht auf, nachdem Sie dieses Heft durchgearbeitet haben, sondern wiederholen Sie die Übungen regelmäßig und so intensiv wie möglich. Die neuen Erfahrungen werden dazu führen, dass Sie zufriedener mit Ihrem Körper sind.

Wenn Ihr Leidensdruck groß ist, wenden Sie sich am besten an einen Fachmann/eine Fachfrau, der/die Sie unterstützen und Ihnen bei Ihren Bestrebungen, sich besser zu fühlen, zur Seite stehen kann.

Und die »anderen«, womit sind sie unzufrieden?

Verschiedene Studien zeigen, dass die meisten von uns in irgendeiner Hinsicht mit ihrem Körper unzufrieden sind. Sehen wir uns einmal an, worauf sich diese Unzufriedenheit bei Frauen und Männern im Allgemeinen bezieht.

Studie*

	Männer	Frauen
Bauch	63 %	71 %
Hüften/Oberschenkel/Gesäß	29 %	61 %
Brust/Oberkörper	38 %	34 %
Gewicht	52 %	66 %
Muskulatur	45 %	57 %
Körpergröße	16 %	16 %
Gesicht	n. v.**	n. v.**
Aussehen allgemein	43 %	56 %

* 1996

** n. v.: Angaben nicht verfügbar

Quelle: Cash, Thomas F.: *The Body Image Workbook. An Eight-Step Program for Learning to Like your Looks*, New Harbinger Publications: Oakland, CA, ²2008.

Wie wir an dieser Tabelle erkennen können, sind bei Frauen wie bei Männern das Gewicht und der Bauch die unbeliebtesten Aspekte des Körpers. Frauen fürchten, dass sie zu dick sind, und Männer halten sich gleichermaßen für zu dick wie für zu schmächtig, kurz: für nicht muskulös genug.

Zum Gewicht: 50 % der Frauen und 40 % der Männer, die sich für zu dick halten, haben in Wirklichkeit ein gesundes Gewicht. Weitere Gründe für Unzufriedenheit können Falten, Pickel, Narben, Hautflecken, Akne, Rötungen, ausgeprägte Blässe, zu feine oder zu dünne Haare, die Nase, die Genitalien* ... sein.

Das Körperbild kann der Realität entsprechen oder auch nicht. Problematisch ist es, wenn die Unzufriedenheit mit dem Körper zur Besessenheit wird und sich von Jahr zu Jahr verstärkt, sodass der oder die Betreffende darunter leidet.

* Inspiriert von Tignol, Jean: *Les Défauts physiques imaginaires*, Odile Jacob: Paris 2006.

Das Bild von meinem Körper – in Einzelteile zerlegt

Entdecken wir gemeinsam Ihr Körperbild genauer!

Schätzen Sie in einer ersten Übung ein, **wie zufrieden Sie auf einer Skala von 0 bis 10** (sehr unzufrieden bis sehr zufrieden) mit verschiedenen Teilen Ihres Körpers sind – in der Zeichnung werden die entsprechenden Bereiche dargestellt: Gesicht, Stirn, Augen, Nase, Mund, Wangen, Kinn, Ohren, Haare, Unterarme, Oberarme, Ellenbogen, Waden, Oberschenkel, Knöchel, Knie, Füße, Hände, Schultern, Brust, Bauch, Becken/Hüften, andere: … Benoten Sie sie jeweils mit …/10 Punkten.

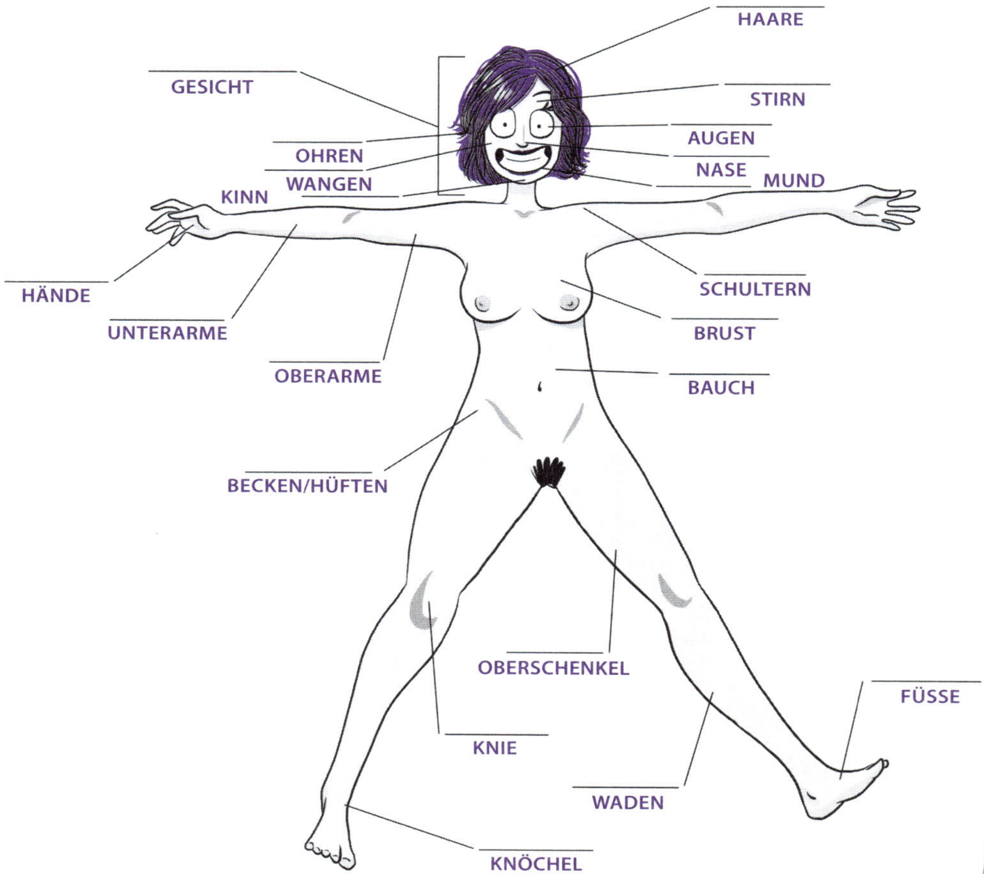

Nehmen Sie sich für die zweite Übung zwei Buntstifte. Malen Sie mit einer Farbe die verschiedenen Teile Ihres Körpers aus, mit denen Sie sehr unzufrieden sind (und die Sie mit 3 von 10 oder weniger Punkten bewertet haben). Nehmen Sie nun den anderen Stift und verfahren Sie ebenso mit den Körperteilen, die 4 von 10 oder noch mehr Punkte erhalten haben. Seien Sie freundlich und wohlwollend zu sich selbst.

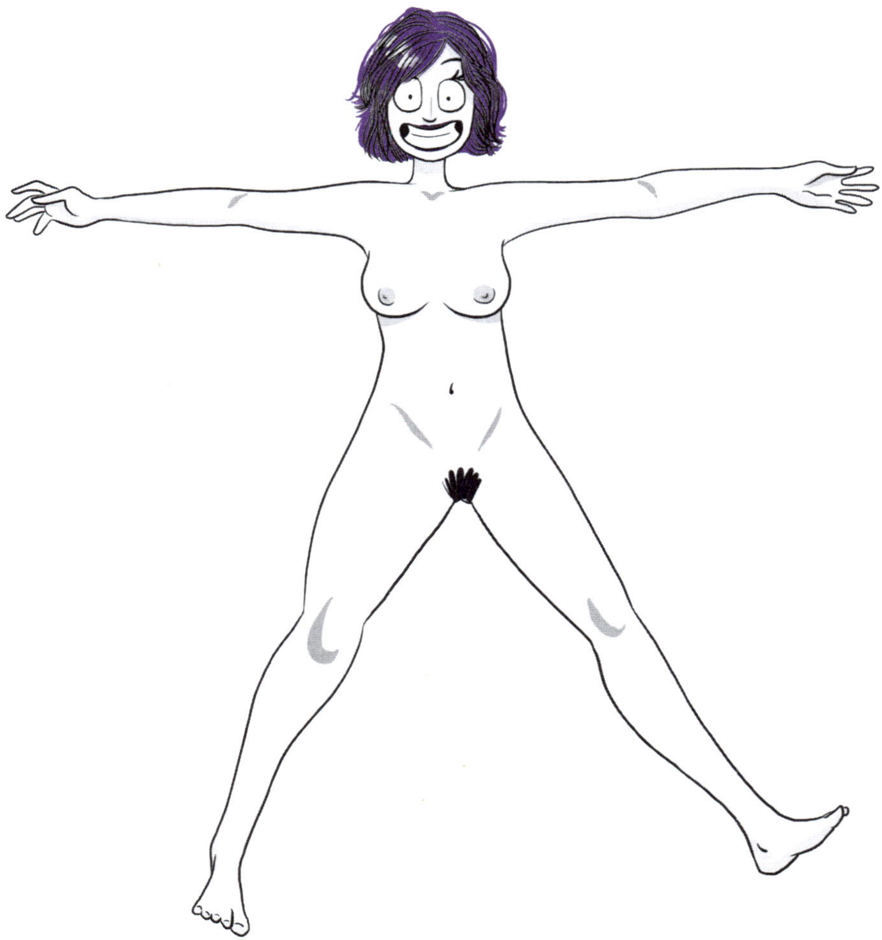

Was fällt Ihnen auf?

....

....

Ja, der zweifarbige Körper ist tatsächlich Ihr eigener, mit Teilen, die Sie mehr, und solchen, die Sie weniger mögen. Indem Sie Ihren Körper in seinen Einzelteilen betrachten, schaffen Sie für sich die Möglichkeit, ihn nicht im Sinne von »alles oder nichts« als »hässlich oder schön« zu bewerten, und stellen fest, dass es schönere und weniger schöne Teile gibt. Das ist schon ein erster Schritt auf dem Weg, sich mit Ihrem Körper zu versöhnen - auf eine differenzierte Art und Weise. Vielleicht haben Sie die Seite einfach umgeblättert, ohne sich die Zeit für diese Übung zu nehmen? Dann empfehlen wir Ihnen, zur Übung zurückzukehren und sich einige Augenblicke damit zu befassen. Durch diese Übung können Sie einen ersten Schritt auf dem Weg zu mehr Wohlbefinden tun.

Wie hat sich mein Körperbild entwickelt?

Es gibt nichts Beunruhigenderes, als beunruhigt zu sein, ohne zu wissen, warum. Suchen Sie also nach den Gründen, warum Sie in Bezug auf Ihren Körper tun, was Sie tun, und so empfinden, wie Sie empfinden. Man wacht nicht einfach eines Tages auf und sagt sich, dass man nicht so ist, wie man gerne wäre. In der Regel besteht dieses Unbehagen schon länger, häufig hat es sogar schon in der Kindheit seinen Anfang genommen.

Verschiedene Faktoren führen dazu, dass man seinen Körper entweder positiv sieht und mit ihm zufrieden ist oder dass man weniger zufrieden mit ihm ist. Zunächst sind es Einflüsse des persönlichen Hintergrunds, das heißt, die Kräfte der Vergangenheit, die dafür sorgen, dass Sie Ihr Äußeres so wahrnehmen, wie Sie es jetzt tun.

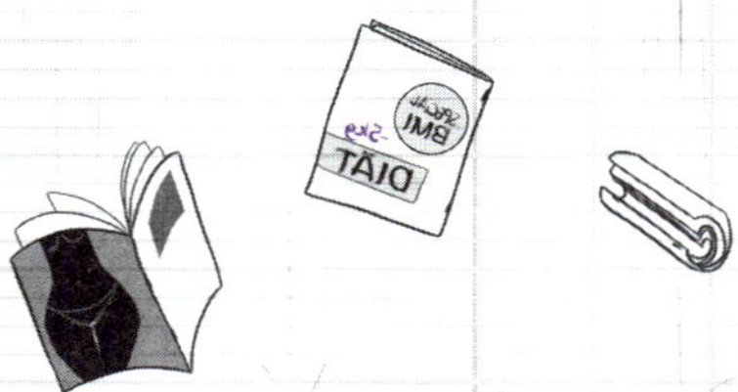

Dazu kommen die aktuellen Einflüsse, nämlich die täglichen Erfahrungen, die bestimmen, wie Sie sich mit Ihrem Aussehen fühlen, was Sie darüber denken und wie Sie sich verhalten. Diese können dazu beitragen, dass Sie Ihre Unzufriedenheit mit dem Körper aufrechterhalten – oder dass Sie es nicht tun.

Zu den Einflüssen zählen beispielsweise familiäre, Personen, die zum Vorbild genommen wurden, Spott, körperliche Veränderungen, die sich aus dem Heranwachsen, Altern, der Mutterschaft, einem Unfall oder einem medizinischen Problem ergeben … Auch die Mode und die Medien beeinflussen das Körperbild, indem sie uns mit künstlichen Bildern bombardieren, die angeblich das repräsentieren, was schön ist, und indem sie die Rolle der Schönheit als Quelle des Glücks hervorheben. Auf diese Weise erschließen sie Kosmetikprodukten und der ästhetischen Chirurgie einen immer größeren Markt. Dementsprechend machen sich heutzutage nicht mehr nur Frauen, sondern auch

Kinder, Jugendliche, Männer und ältere Menschen Gedanken wegen ihres Aussehens.

Möglicherweise haben Sie herausgefunden, dass Ihr negatives Körperbild sich schon sehr früh bemerkbar gemacht oder in bestimmten Schlüsselmomenten Ihres Lebens merklich verschlimmert hat.

Erstellen Sie Ihre Lebenslinie, einen Zeitstrahl, auf dem Sie Ereignisse eintragen, die Ihre Körperwahrnehmung unter Umständen beeinflusst haben. Schreiben Sie auch auf, wie Sie Ihr Körperbild zum damaligen Zeitpunkt empfanden. **Wie sahen Sie in jedem der oben erwähnten Lebensabschnitte aus? Was hat Ihre Gefühle in Bezug auf Ihr Aussehen am stärksten beeinflusst?**

Meine Lebenslinie

8 Jahre

12 Jahre

Vorschulalter	**Kindheit**	**Vorpubertät**
Körper:	**Körper:**	**Körper:**
Ereignis:	**Ereignis:**	**Ereignis:**

Viel besser als eine glatte, leere Seite, die nichts mitzuteilen hätte, erzählt der Körper eine Geschichte: Ihre Geschichte …

15 Jahre

21 Jahre

Jugend → Erwachsenenalter

Körper:

Ereignis:

Körper:

Ereignis:

Bestandsaufnahme: Wie wirkt sich mein Körperbild auf mein Leben aus?

Ein negatives Körperbild kann viele verschiedene Bereiche Ihres Lebens beeinflussen und

- Ihr Selbstwertgefühl schmälern,
- dazu führen, dass Sie in sozialen Beziehungen Angst entwickeln,
- Schwierigkeiten in sexuellen Beziehungen verursachen,
- mit Depressionen verbunden sein,
- zu Ernährungsproblemen führen.

Und Sie? Wie sieht Ihre »Bestandsaufnahme« aus?

....

....

....

....

Welche Folgen hat die Unzufriedenheit mit Ihrem Körper für die verschiedenen Bereiche Ihres Lebens?

....

....

....

....

Kurzfristige Folgen	**Langfristige Folgen**
Zum Beispiel: • Ich verliere jeden Morgen viel Zeit damit, mich fertig zu machen. • Ich gehe nicht schwimmen, weil ich mich nicht unwohl fühlen will – obwohl meine Freunde mich eingeladen haben.	Zum Beispiel: • Ich sage unfreundliche und gemeine Sachen zu mir. • Ich lehne Einladungen ab und isoliere mich dadurch immer mehr. • Weil ich mich pausenlos hinterfrage, bin ich müde und traurig; ich habe ein sehr schlechtes Selbstbild entwickelt.

Vielleicht ist Ihnen bewusst, dass es nutzlos ist, sich um sein Aussehen zu sorgen. Es führt letztendlich nur zu einem Körperbild, für das man unter Umständen einen hohen Preis zahlt. Wenn Sie bereit sind, etwas dafür zu tun, dass sich die Zufriedenheit mit Ihrem Körper verbessert, wird Ihnen dieses kleine Übungsheft Mittel an die Hand geben, aktiv zu werden und ein positiveres Körperbild zu entwickeln.

Mein Kalender

Hören Sie kurz in sich hinein ...

Wie fühlen Sie sich jezt, in diesem Moment, und hier an diesem Ort (0 = sehr unzufrieden bis 10 = sehr zufrieden)?

Rot: Der Grad Ihrer Unzufriedenheit mit Ihrem Körper liegt heute bei 7 von 10 Punkten oder darüber.

Orange: Der Grad Ihrer Unzufriedenheit mit Ihrem Körper liegt heute zwischen 4 und 6 von 10 Punkten.

Grün: Der Grad Ihrer Unzufriedenheit mit Ihrem Körper liegt heute bei 3 von 10 Punkten oder darunter.

Tragen Sie hier die Farbe dieses Moments ein:

....

....

Machen Sie diese Übung ruhig einmal täglich, zum Beispiel, indem Sie die jeweilige »Farbe des Tages« in einen Kalender eintragen. Mit diesem Kalender können Sie jederzeit eine Bestandsaufnahme Ihrer Körperunzufriedenheit machen und dabei Ihre Fortschritte im Lauf der kommenden Wochen und Monate einschätzen.

Meine Gefühle

Ich, die anderen und die Worte

Ihr Körperbild ruft Leid in Ihnen hervor. Das kann mit Ihrer Selbstwahrnehmung zusammenhängen aber auch mit der Art und Weise, wie andere Sie wahrnehmen. Gegen Ihren Körper gerichtete verletzende Äußerungen oder sogar Beleidigungen wurden ausgesprochen – von Ihnen oder von anderen.

Desgleichen haben bestimmte, zunächst harmlose Worte (im Zusammenhang mit Ihrer Körperunzufriedenheit) im Laufe der Zeit eine negative Konnotation angenommen und rufen nun negative Gefühle hervor. Darum vermeiden Sie es, diese Worte zu benutzen.

Erstellen Sie eine Liste der Begriffe, die im Zusammenhang mit Ihrem Körper schmerzlich für Sie sind, und füllen Sie die Tabelle auf der nächsten Seite aus.

Beispiel:

Beleidigungen, die ich selbst gegen mich richte	Gegen mich gerichtete Beleidigungen, die andere geäußert haben	Worte, die ich vermeide
Zum Beispiel bei einer übergewichtigen Person: »Ich bin ekelhaft.«	»die/der Dicke!«	Tonne Elefant 105 kg

Und nun Sie:

Beleidigungen, die ich selbst gegen mich richte	Gegen mich gerichtete Beleidigungen, die andere geäußert haben	Worte, die ich vermeide

Was empfinden Sie angesichts dieser Worte und Aussagen?

Versuchen Sie mithilfe des folgenden Gefühlsspektrums Ihre Empfindungen genauer zu bestimmen: Kreisen Sie die Gefühle ein, die bei Ihnen aufgekommen sind.

Nehmen Sie dazu für Ihre Gefühle angesichts von Worten, die Sie beim Reden vermeiden, einen blauen Stift; benutzen Sie die Farbe Grün für Ihre Gefühle angesichts von Beleidigungen, die Sie selbst gegen sich richten, und Rot für die Gefühle, die Sie angesichts von Beleidigungen seitens anderer empfinden.

Scham Zorn Niedergeschlagenheit

Traurigkeit

Demütigung Einsamkeit Panik

Angst Verachtung Beklommenheit Ekel

Enttäuschung

Unsicherheit Befangenheit Verzweiflung

Rage Schuldgefühle Furcht Frustration

Äußern Sie diese leidvolle Erfahrung ohne Scheu, damit Sie die Gefühle, die in Ihnen aufkommen, wahr- und annehmen und dadurch Ihr Leid verringern können. Nehmen Sie sich Ihre Stifte und lassen Sie Ihren Gefühlen freien Lauf.

Stellen Sie sie in einem Text, einer Zeichnung oder auch auf andere Weise in diesem Rahmen dar:

Zeit für Veränderungen!

Wahrscheinlich sprechen Sie nur selten Worte aus, die für Sie im Laufe der Zeit eine negative Bedeutung erlangt haben. Fangen Sie langsam damit an, diese peinlichen Begriffe im passenden Zusammenhang wieder zu benutzen. Je häufiger Sie dies tun, umso weniger haben solche Worte die Macht, Sie aus dem Gleichgewicht zu bringen. Ein Wort bleibt einfach ein Wort. Auf diese Weise wird Ihr Selbstvertrauen wieder gestärkt.

Selbstverpflichtung

Ich verpflichte mich, die folgenden Worte im entsprechenden Zusammenhang häufiger zu benutzen:

....,

....,

....,

....,

....

(Beispiele: dick, hässlich, alt ...)

Als die Beleidigungen gegen Sie ausgesprochen wurden, haben Sie vermutlich geschwiegen.

Wie würden Sie heute darauf reagieren?

Was könnten Sie darauf erwidern?

Spielen Sie die Szene(n) noch einmal durch, aber diesmal so, dass Sie sich besser behaupten. Tragen Sie den Dialog in die Sprechblasen unten ein.

Was der Beleidiger zu Ihnen gesagt hat:

Ihre Antwort:

Bsp.: »Na und!«

Sie verdienen es, dass Ihnen Respekt entgegengebracht wird – von Ihnen selbst wie von anderen. Im Kapitel »So spreche ich mit mir« lernen Sie, Ihre innere Sprache so zu verändern, dass Sie sich nicht mehr selbst beschimpfen. Auf diese Weise entwickeln Sie im Laufe der Zeit eine freundlichere Sprechweise gegenüber sich selbst. Ziehen Sie sich an einen ruhigen Ort zurück und nehmen Sie sich ausreichend Zeit, die empfohlenen Übungen zu machen. Es ist wichtig, dass Sie wirklich üben – zu lesen allein genügt nicht!

Ich und das Bild, das ich im Alltag von mir habe

Wir konzentrieren uns nun auf das HIER und JETZT.
Ihr Körperbild bewirkt, dass Sie derzeit schwierige emotionale Erfahrungen machen. Dieses Gefühlserleben hängt unmittelbar damit zusammen, dass Sie unangemessene Gedanken und Verhaltensweisen entwickelt haben. Dadurch, dass Sie diese ändern, mildern Sie leidvolle Gefühle, die Sie in Bezug auf Ihren Körper haben. Werfen Sie zum besseren Verständnis einen Blick auf das folgende Schema: das Dreieck **Gefühl – Gedanke – Verhalten** der Körperbild-Erfahrungen.

Eine schwierige Situation löst Folgendes aus:

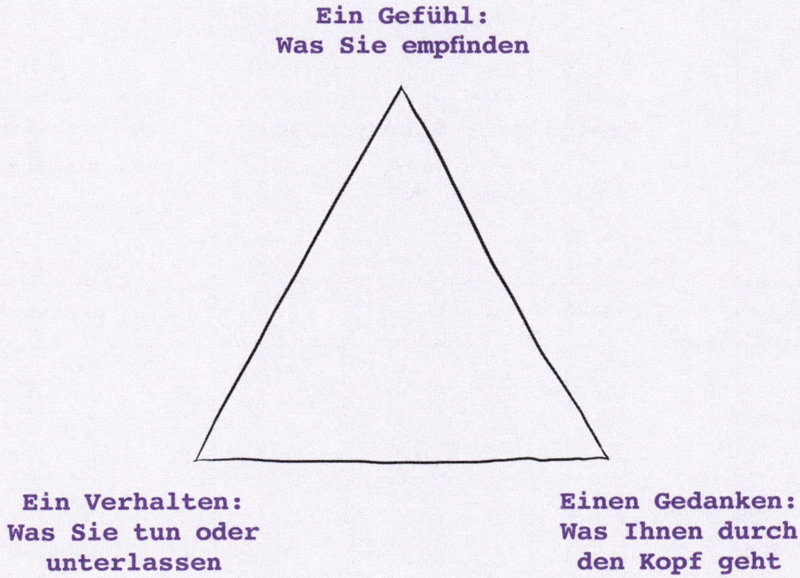

Anhand dieses Schemas lässt sich leicht erkennen, dass Ihr Verhalten und Ihr Denken sich unmittelbar auf Ihr emotionales Erleben auswirken. Der erste Schritt besteht nun darin, dass Sie sich solche Leid verursachenden Gedanken und Verhaltensweisen bewusst machen. Beobachten Sie sich selbst im Alltag und nehmen Sie diese Gedanken, Verhaltensweisen und Gefühle, die Sie quälen, bewusst wahr. Benutzen Sie die Tabelle auf der folgenden Seite, um Tag für Tag Ihre Beobachtungen aufzuschreiben. Und vergessen Sie dabei eines nicht: Seien Sie wohlwollend sich selbst gegenüber!

Selbstbeobachtungstabelle

Tag	Ereignisse, Situationen Wer?, Was?, Wann?, Wo?	Überzeugungen, Gedanken Was mir durch den Kopf geht
Montag	Bsp.: Mein Freund/Meine Freundin fragt mich, ob ich mit ihm/ihr schwimmen gehen will.	Bsp.: Oh nein! Ich bin viel zu hässlich, zu dick, alle werden mich anstarren!
Dienstag		
Mittwoch		
Donnerstag		
Freitag	Bsp.: Ein Fitness-Kurs wird angeboten, der mich interessiert.	Bsp.: Oh nein! Da kann ich nicht hingehen, ich bin zu alt, da kann ich bestimmt nicht mithalten.
Samstag		
Sonntag		

Gefühle Was ich empfinde	Verhalten Meine Entscheidung, was ich angesichts der Situation tun oder sagen bzw. was ich nicht tun oder sagen will
Bsp.: Ich bin ängstlich.	Bsp.: Ich gehe nicht mit und überlege mir eine Ausrede.
Bsp.: Ich bin traurig.	Bsp.: Ich gehe nicht hin und bleibe allein zu Hause.

In den folgenden Kapiteln werden Sie lernen, solche unangemessenen Überzeugungen zu verändern, sie durch andere, passendere und vielversprechendere zu ersetzen, um eine gesündere Beziehung zu Ihrem Körper zu entwickeln.

Sich selbst im Alltag zu beobachten mag Ihnen eintönig oder sogar als lästige Verpflichtung erscheinen, doch Sie lernen sich dadurch besser kennen und verstehen. Anschließend können Sie sich ändern und fühlen sich besser. Nehmen Sie sich wirklich die Zeit, diese Übung zu machen und die Spalten auszufüllen.

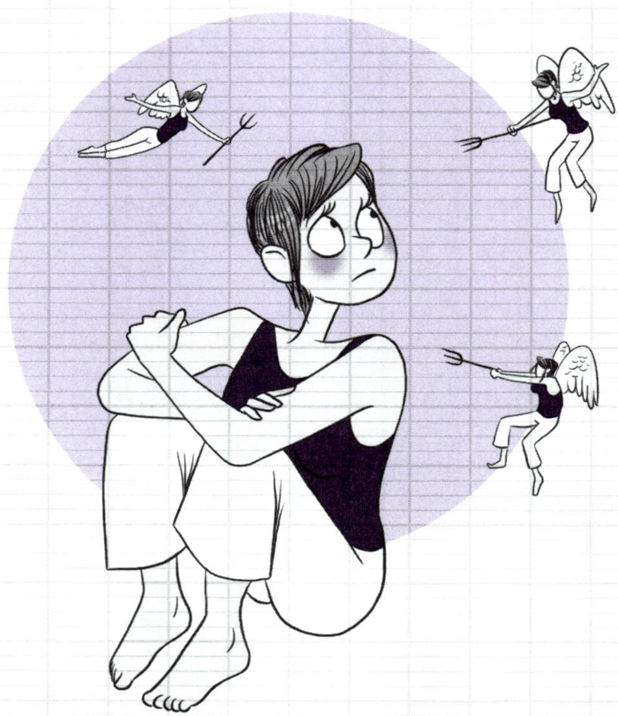

So spreche ich mit mir

»Nicht die Dinge selbst beunruhigen die Menschen, sondern ihre Urteile und Meinungen über sie.«

(Epiktet)

Ihre Gedanken und Urteile beeinflussen Ihr emotionales Befinden – denn Sie empfinden das, was Sie denken. Daher ist es wichtig, dass Sie Ihre innere Sprache, Ihre Gedanken ändern und lernen, freundlicher mit sich zu sprechen.

Im Zusammenhang mit dem Körperbild gibt es »Pseudo-Wahrheiten«, die Sie so selbstverständlich finden, dass Sie noch nicht einmal auf die Idee kommen, sie könnten nicht stimmen. Falsche Überzeugungen und Gedanken über das Aussehen bringen uns jedoch in emotionale Bedrängnis.

Hier zwei Übungen*, die Ihnen helfen, solche Gedankenirrtümer und Fehlannahmen zu identifizieren:

* Inspiriert von Cash, Thomas F.: *The Body Image Workbook. An Eight-Step Program for Learning to Like your Looks*, New Harbinger Publications: Oakland, CA, ^{2}2008; an unsere Übungen angepasst

Richtig oder falsch?

Hier sind 17 Überzeugungen aufgelistet, die einen Einfluss darauf haben, wie Sie sich körperlich wahrnehmen. Drei Viertel aller Menschen, die die unwahren unter den folgenden Annahmen für wahr halten, haben ein negativeres Körperbild als diejenigen, die sie anzweifeln. Kreuzen Sie jeweils an, ob Sie eine Aussage für richtig oder falsch halten.
Lesen Sie die Auflösung, nachdem Sie die Übung gemacht haben.

1. Körperlich attraktive Menschen sind glücklicher.	**Richtig**	**Falsch**
2. Als Erstes fällt den Leuten auf, was an meinem Aussehen nicht in Ordnung ist. Jeder sieht nur das.	**Richtig**	**Falsch**
3. Sich Sorgen zu machen, nicht 100%ig vollkommen zu sein, ist schlimmer, als nicht vollkommen zu sein.	**Richtig**	**Falsch**
4. Das Äußere eines Menschen zeigt zu einem gewissen Grad seinen Wert an.	**Richtig**	**Falsch**
5. Erfolg im Leben hängt eher von der Persönlichkeit, der Intelligenz, den Entscheidungen und vom Glück ab als vom Aussehen.	**Richtig**	**Falsch**
6. Menschen werden insbesondere wegen ihrer inneren Werte geschätzt.	**Richtig**	**Falsch**
7. Wenn ich so sein könnte, wie ich gerne wäre, hätte ich ein sehr viel glücklicheres Leben.	**Richtig**	**Falsch**
8. Wüssten die Leute, wie ich wirklich bin, dann würden sie mich weniger mögen.	**Richtig**	**Falsch**
9. Das Aussehen ist kein Hindernis fürs Glücklichsein, aber der Wunsch, anders zu sein bzw. auszusehen, kann eines sein.	**Richtig**	**Falsch**

10. Die anderen sind eher mit ihren eigenen körperlichen Makeln beschäftigt als mit meinen.	**Richtig**	**Falsch**
11. Durch das Kontrollieren meines Aussehens kann ich mein Sozial- und Gefühlsleben kontrollieren.	**Richtig**	**Falsch**
12. Mein Aussehen ist größtenteils der Grund für das, was mir im Leben widerfahren ist.	**Richtig**	**Falsch**
13. Die Zeit und die Lebensumstände können das Aussehen zum Schlechten oder zum Guten verändern. Daher ist Schönheit eine schwache Grundlage für das Selbstwertgefühl.	**Richtig**	**Falsch**
14. Ich sollte stets alles nur Erdenkliche tun, um so gut wie möglich auszusehen, sonst habe ich versagt.	**Richtig**	**Falsch**
15. Taten sind entscheidender als das Aussehen. Sie sagen den Menschen wirklich, wer ich bin.	**Richtig**	**Falsch**
16. Die Botschaften der Medien lassen mir keine Möglichkeit, mit meinem Aussehen zufrieden zu sein.	**Richtig**	**Falsch**
17. Die einzige mir zur Verfügung stehende Möglichkeit, mein Aussehen zu mögen, ist die, es zu verändern.	**Richtig**	**Falsch**

Antworten: 1. Falsch, 2. Falsch, 3. Richtig, 4. Falsch, 5. Richtig, 6. Richtig, 7. Falsch, 8. Falsch, 9. Richtig, 10. Richtig, 11. Falsch, 12. Falsch, 13. Richtig, 14. Falsch, 15. Richtig, 16. Falsch, 17. Falsch

Manche dieser Überzeugungen sind Ihnen sicherlich näher als andere. Kreisen Sie diejenigen ein, die Sie persönlich betreffen. Vergessen Sie nicht, sie jedes Mal, wenn sie in Ihren Gedanken auftauchen, zu hinterfragen. Wenn Sie ihnen »unbewusst« zustimmen, schadet das Ihrer Körperzufriedenheit.

Rätselraten

Finden Sie für jedes der folgenden Rätsel die Definition unter den falschen Gedankengängen.

Die Rätsel

1. Sich einreden, man sei schuld
2. Fehlinterpretation des Geistes
3. Sich vergleichen heißt sich irren
4. Die Grenzen der Schönheit
5. Die Schöne und das Biest
6. Der deprimierende Spiegel
7. Die Lupe
8. Eine unglückliche Zukunft

Die falschen Gedankengänge

A. Als würden Sie die Realität schwarz-weiß wahrnehmen und keine Grautöne mehr unterscheiden; zum Beispiel, wenn Sie sagen, »Ich bin hässlich«, »Ich bin fett«, statt zu nuancieren: »Alle haben Makel, Teile, die schön sind, und andere, die nicht so schön sind.«

B. Die Neigung, Ihr Aussehen an hohen Standards zu messen und jedes Mal zu verlieren – »Wenn ich meine Nachbarin sehe, die Model ist, sage ich mir, ich sehe furchtbar aus« –, statt sich mit den gewöhnlichen Menschen in Ihrer Umgebung zu vergleichen.

C. Das beschreibt, was wir selektive Aufmerksamkeit nennen: Sie konzentrieren sich auf einen Teil Ihres Körpers, den Sie nicht mögen, und bauschen ihn auf: »Ich sage mir, dass ich hässlich bin, weil ich weiße Haare habe; damit sehe ich furchtbar aus.« Stattdessen sollten Sie sich auf das konzentrieren, was andere an Ihnen schön finden.

D. Es äußert sich darin, dass Sie ungerechtfertigterweise den Schluss ziehen, bestimmte körperliche Eigenschaften, die Sie an sich nicht mögen, seien unmittelbar schuld an den Schwierigkeiten, mit denen Sie im Leben konfrontiert sind; Sie nehmen Ihr Aussehen als Sündenbock: »Ich habe diesen Job nicht bekommen, weil ich ein

Hautproblem habe.« Stattdessen sollten Sie andere Erklärungsmöglichkeiten in Betracht ziehen, wie: »Vielleicht haben sie jemanden gefunden, der besser für die Stelle geeignet ist als ich.«

E. Diese verzerrte Auffassung treibt Menschen zu Annahmen wie »Wenn ich mich für hässlich halte, dann tun es die anderen bestimmt auch«, statt sich zu sagen, dass sie keine Hellseher sind. Auch Sie können nicht Gedanken lesen. Andere haben unter Umständen ganz andere Vorstellungen als Sie.

F. Die Art und Weise, wie Ihre Voraussagen über Ihr Äußeres Ihr zukünftiges Leben beeinflussen. Sie sagen voraus, dass Ihre körperlichen Makel schreckliche Auswirkungen auf Ihr Leben haben werden. Deswegen versuchen Sie häufig gar nicht erst Ihr Glück: »Ich sage mir, dass es nichts bringt, ihr ein Rendezvous vorzuschlagen, weil das wegen meines Aussehens sowieso schiefgehen würde.« Stattdessen könnten Sie einen Versuch wagen. Wenn Sie es gar nicht erst versuchen, werden Sie auf jeden Fall scheitern, das steht fest. Wer weiß, vielleicht klappt es ja?

G. Bei dieser verzerrten Ansicht sagen Sie sich innerlich, Sie könnten wegen Ihres Aussehens manche Dinge nicht tun. So verbieten Sie sich, bestimmte Orte zu besuchen oder mit bestimmten Personen zusammen zu sein, weil Sie sich für nicht gut genug halten. »Mein Aussehen lässt es nicht zu, dass ich mit den angesehenen Kollegen meines Mannes essen gehe«, statt: »Ich bin als Mensch genauso viel wert wie die anderen, also gehe ich mit.« Es ist wichtig, solches Vermeidungsverhalten, das ein negatives Bild von Ihnen aufrechterhält, zu durchbrechen.

H. Auch als emotionales Argumentieren bezeichnet. Zum Beispiel: »Wenn ich mich hässlich fühle, dann deswegen, weil ich hässlich bin« – statt sich zu sagen, dass das, was Sie empfinden, nicht immer der Realität entspricht.

Ihre Auflösung

… / **1.** Sich einreden, man sei schuld
… / **2.** Fehlinterpretation des Geistes
… / **3.** Sich vergleichen heißt sich irren
… / **4.** Die Grenzen der Schönheit
… / **5.** Die Schöne und das Biest
… / **6.** Der deprimierende Spiegel
… / **7.** Die Lupe
… / **8.** Eine unglückliche Zukunft

Auflösung: 1(D)
2(E) 3(B) 4(G)
5(A) 6(H) 7(C)
8(F)

Welche Rätsel kennzeichnen Ihre Sichtweise des Körpers?

Identifizieren Sie sie und kreisen Sie sie ein. Hinterfragen Sie die betreffende Argumentation und entwickeln Sie konstruktivere Denkweisen. Ändern Sie die Art und Weise, wie Sie innerlich mit sich sprechen, in Richtung mehr Zufriedenheit mit Ihrem Körper.

–

–

–

–

–

–

–

–

–

Zwar ist der Körper- und Schönheitskult tatsächlich Teil unserer Gesellschaft und wirkt sich auf unsere zwischenmenschlichen Beziehungen aus, doch er entsteht und gedeiht in erster Linie in Ihrem Kopf. Der mächtigste Diktator Ihres Körperbildes ist Ihr eigenes Urteil: das, was Sie selbst über Ihr Aussehen denken. Es ist daher essenziell, sich diese logischen Irrtümer bewusst zu machen und zu lernen, anders zu denken bzw. zu argumentieren. Dann wird sich Ihre Körperzufriedenheit verbessern.

Annäherung an meine neue innere Sprache

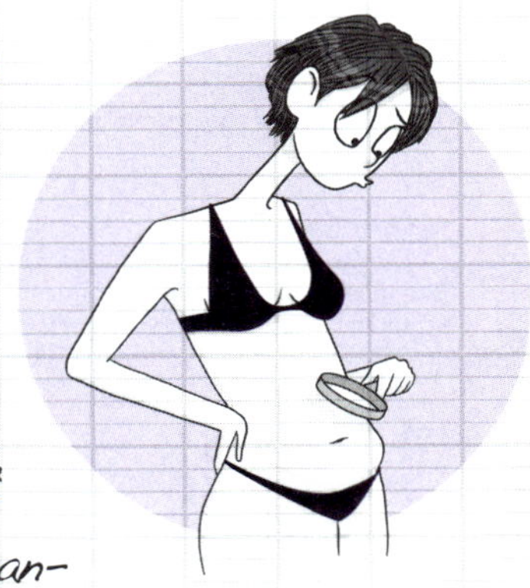

Falsche Annahmen, Interpretationen und Gedankengänge bestimmen, wie Sie Ihr Äußeres einschätzen. Ändern Sie die Art und Weise, wie Sie mit sich selbst interagieren, um Ihre unangenehmen Gefühle und längerfristig Ihre Körperunzufriedenheit zu verringern. Damit das gelingt, möchten wir Ihnen eine weitere Tabelle zur täglichen Selbstbeobachtung vorstellen. Sie hat zwei zusätzliche Spalten: eine, in der Sie Ihr Denken »kritisieren«, in Zweifel ziehen können, und eine weitere, in der Sie die positiven emotionalen Auswirkungen aufschreiben sollten, die Sie dank dieses Hinterfragens bemerken.

Selbstbeobachtungstabelle

Tag	**Ereignisse, Situationen** Wer?, Was?, Wann?, Wo?	**Überzeugungen, Gedanken** Was mir durch den Kopf geht	**Gefühle** Was ich empfinde
Montag	Bsp.: Ich sehe mich im Spiegel.	Bsp.: Ich sehe furchtbar aus. Mein fetter Bauch steht raus.	Bsp.: Ich schäme mich und bin traurig.
Dienstag			
Mittwoch			
Donnerstag	Bsp.: Ich spreche mit einer Kollegin.	Bsp.: Ich habe Angst, dass sie die Narbe auf meiner Hand sieht.	Bsp.: Ich bin befangen, empfinde Scham und Angst.
Freitag			
Samstag			
Sonntag			

Verhaltensweisen Vas ich angesichts der ituation beschließe zu tun, zu sagen bzw. zu unterlassen und nicht zu sagen	Argumente Entspricht das, was ich mir sage, der Realität? (Argumente dafür und dagegen, einen neuen Gedanken kreieren)	Positive Auswirkungen des neuen Denkens auf meine Gefühle und Verhaltensweisen
sp.: Ich fliehe vor em Spiegel.	Bsp.: Ich argumentiere hier in der Art »die Schöne und das Biest«. Es stimmt nicht, dass ich furchtbar aussehe; vielmehr gebe ich mir für mein Aussehen 7 von 10 Punkten. Ich habe »die Lupe« auf meinen Bauch angewendet.	Bsp.: Es geht mir besser, endlich fühle ich mich nicht mehr so mies.
sp.: Ich verstecke eine Hand.	Bsp.: Ich bin bei meiner Narbe in die »Lupe« geraten. Meine Kollegin spricht mit mir und sieht mich insgesamt, sie sieht nicht nur meine Hände.	Bsp.: Ich bin weniger gehemmt und versuche nicht mehr krampfhaft, meine Hand zu verstecken.

Mein Moment der Entspannung

Atmen ist die Grundlage des Wohlbefindens und der Entspannung. Wenn wir unter Stress stehen oder gerade ein unangenehmes Gefühl erleben – selbst wenn es uns gar nicht bewusst ist –, atmen wir oft kurz, stoßweise und nur in den Brustkorb. Dann spricht man von Hochatmung (Brustatmung), keuchender, abgehackter, flacher Atmung. Demgegenüber atmet man beim gesunden, entspannten Atmen in den Bauch hinein.

Und so geht es: Legen Sie sich im Stehen, Sitzen oder Liegen die Hand auf den Bauch und achten Sie auf Ihren Atem: Lassen Sie ihn eine Weile kommen und gehen und dabei immer mehr in den Bauch, in den Unterleib fließen, immer tiefer werden. Spüren Sie, wie Ihre Bauchdecke sich im Rhythmus der Atmung hebt und senkt. Atmen Sie nun durch den Mund aus, indem Sie – ganz sanft, langsam und tief – so viel Luft wie möglich ausstoßen. Ihr Nabel zieht sich dabei ein, als sollte er in das Innere Ihres Körpers gebracht werden. Als Nächstes atmen Sie langsam durch die Nase ein und lassen dabei Ihren Bauch sich wie einen kleinen Luftballon vorwölben. Spüren Sie, wie sich gleichzeitig auch Ihr unterer Rücken aufbläht. Dann atmen Sie wieder sanft durch den Mund aus, indem Sie dabei den Bauch einsinken lassen, als wollten Sie ihn in den Körper einziehen. Das Ausatmen sollte immer langsamer sein und länger dauern als das Einatmen. Genießen Sie das Gefühl der Befreiung, der Entspannung, das mit jeder Ausatmung einhergeht.

Üben Sie diese Bauchatmung ruhig zwei- bis dreimal am Tag. Sind Sie erst einmal mit der Bauchatmung vertraut, gehen Sie zur nächsten Übung über: Zählen Sie beim Atmen rückwärts von 10 bis 0. Das geht so: Atmen Sie durch die Nase ein und wölben Sie den Bauch vor; halten Sie die Luft kurz an und sagen Sie dann innerlich 10, während Sie den Atem tief und langsam durch den Mund ausströmen lassen. Machen Sie eine kurze Pause von wenigen Sekunden und atmen Sie dann wieder in den Bauch hinein. Halten Sie kurz die Luft an und sagen Sie dann innerlich 9, während Sie den Atem durch den Mund wieder ausstoßen. Atmen Sie nach einer kleinen Pause ein, halten Sie die Luft an und sagen Sie sich innerlich die Zahl 8, während Sie die Luft aus der Tiefe wieder ausströmen lassen. Fahren Sie so mit dem Rückwärtszählen fort – 7, 6, 5, 4, 3, 2, 1, 0 –, während Sie den Atem regelmäßig ein- und ausströmen lassen. Spüren Sie, wie Sie sich zunehmend entspannen. Lockern Sie sich vollständig, während Sie ausatmen. Jedes Mal, wenn Sie mit einer schwierigen Situation konfrontiert sind, richten Sie Ihre Aufmerksamkeit auf den Atem. Atmen Sie langsam ein und aus, tief, um die Gefühle der Verzweiflung besser wahr- und annehmen zu können. So werden Sie nach und nach immer stressresistenter. Machen Sie diese Übung immer bis zum Ende, damit Sie sich nicht um den Augenblick der Tiefenentspannung bringen.

Mein Verhalten

Rufen Sie sich noch einmal das Dreieck Gefühl – Gedanke – Verhalten der Körperbild-Erfahrungen (S. 27) ins Gedächtnis. Außer von den Gedanken werden Ihre Gefühle auch von Ihrem Verhalten beeinflusst. Machen Sie sich also auch die Verhaltensweisen bewusst, die Ihrer Körperzufriedenheit abträglich sind. Anschließend werden Sie lernen, sie nach und nach zu verändern. Hier nun die häufigsten Verhaltensweisen, die dafür sorgen, dass Sie mit Ihrem Körper unzufrieden sind:

»Glück ist das Ergebnis richtigen Handelns.«

(André Comte-Sponville)

Schluss mit dem Weglaufen

Ihr Körperbild verleitet Sie häufig dazu, sich ins Zeug zu legen, um Ihre Mängel vor sich und anderen möglichst zu verbergen. So kommt es, dass Sie vor Ihrem Äußeren fliehen, es verstecken, es ständig überprüfen oder »ausbessern«. Durch dieses Verhalten verschaffen Sie sich zwar momentane Erleichterung, sie erschweren jedoch den Weg zur Akzeptanz Ihrer selbst und Ihres Körperbildes.

Fliehen und vermeiden

Bei Ihren Alltagsbeobachtungen sind Ihnen wahrscheinlich Situationen und Aktivitäten aufgefallen, vor denen Sie fliehen. Sie versagen sich bestimmte Dinge wegen Ihres Aussehens. Finden Sie heraus, was Sie alles vermeiden, weil Sie nicht mit Ihrer körperlichen Unzufriedenheit konfrontiert werden wollen. Das können Aktivitäten sein (fotografiert werden, tanzen,

Sport, in den Spiegel sehen, sich bei Tisch eine zweite Portion nehmen), Orte (Strand, Schwimmbad, Umkleidekabinen), Personen (kritische Menschen, attraktive Frauen oder Männer), Körperhaltungen (bei denen das Risiko eines Körperkontaktes mit anderen besteht; sich von der Seite präsentieren und das Doppelkinn den Blicken aussetzen).

Und Sie, was vermeiden Sie, wovor laufen Sie weg?

....

....

....

....

Verstecken

Außer auf Flucht- oder Vermeidungsverhalten greifen Sie noch auf verschiedene andere Methoden zurück, um das, was Sie an Ihrem Äußeren nicht mögen, zu kaschieren oder zu verbergen. Zum Beispiel trägt ein schmächtiger Mann Hemden mit langen Ärmeln und weite Hosen, um seine mageren Arme und Beine zu verstecken. Oder ein kahler Mann versteckt seine Glatze unter einem Hut.

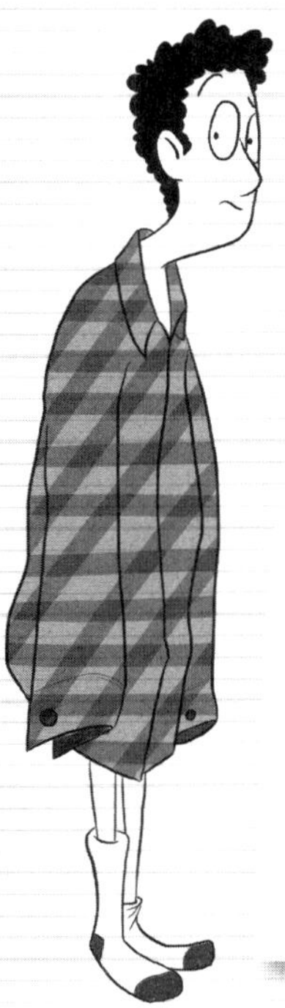

Und was tun Sie, um Aspekte Ihres Aussehens zu verbergen, die Sie nicht mögen?

....

....

....

....

....

Das Äußere »ausbessern«

Vielleicht strengen Sie sich ständig an, um Ihr Aussehen zu verbessern. Und das kann enorm viel Zeit in Anspruch nehmen, insbesondere, wenn es für spezielle gesellschaftliche Anlässe geschieht und das Ergebnis perfekt sein soll. Und wenn Ihnen etwas nicht gut genug erscheint, kann es vorkommen, dass Sie mit dem »Ausbessern« noch einmal ganz von vorn beginnen. Wie frustrierend! Manchmal gehen Sie sogar so weit, Ihren Körper unnötig zu malträtieren, um das, was Sie stört, loszuwerden (zum Beispiel: einen Aknepickel mehrmals ausdrücken, damit er schneller wieder verschwindet, oder übertrieben mit dem Massagehandschuh reiben, weil der Anblick Ihrer Cellulite Ihnen unerträglich ist).

Rituale können sein: Zeit damit zubringen, sich zu schminken, die Haare zu glätten; versuchen, geeignete schlank machende Kleidung zu finden und zusammenzustellen; die richtige Frisur, das richtige Make-up zustande bringen …

Und Sie?

....

....

....

....

....

....

....

Das Aussehen prüfen

Im Allgemeinen existieren parallel zu den Ausbesserungsritualen auch entsprechende Kontrollrituale. Der wiederkehrende Gedanke, dass etwas an Ihrer Erscheinung nicht zufriedenstellend sein könnte, macht Ihnen Sorge und verunsichert Sie. Also sagen Sie sich: »Besser noch einmal nachkontrollieren.«

Diese Rituale können im Laufe der Zeit Automatismen geworden, Ihnen »in Fleisch und Blut übergegangen« sein. Sie bestehen zum Beispiel darin, dass Sie Ihr Gewicht kontrollieren, indem Sie sich mehrmals täglich auf die Waage stellen; oder dass Sie immer wieder Ihr Aussehen prüfen, indem Sie sich im Spiegel betrachten und andere nach ihrer Meinung fragen …

Und Sie?

....

....

....

....

....

....

....

....

....

....

....

....

Die Angst überwinden – Stufe für Stufe

Wissenschaftlichen Untersuchungen zufolge können Menschen ihre Angst überwinden, indem sie sich ganz allmählich und wiederholt genau dem aussetzen, was ihnen Angst macht. Den dadurch in Gang gebrachten Prozess des Abnehmens der Angst bezeichnet man als »Habituation« (Gewöhnung). Es geht darum, dass Sie sich Ihren Ängsten stellen, damit diese schwächer werden. Bislang vermeiden, fliehen, »reparieren«, kontrollieren, verstecken Sie ... Vorherrschend ist Ihre Befürchtung, hässlich auszusehen oder das Gefühl haben zu müssen, mit Ihrem Äußeren sei etwas nicht in Ordnung. Solange Sie aber solchen Ängsten nachgeben und Fluchtverhalten an den Tag legen, halten Sie die Unzufriedenheit mit Ihrem Körper aufrecht.

Stellen Sie sich Ihrem unwirksamen Fluchtverhalten, um es durch andere, sinnvollere Verhaltensweisen zu ersetzen. Die meisten Fähigkeiten, die Sie dafür benötigen, haben Sie sich schon angeeignet: Sie haben gelernt, sich körperlich und geistig zu entspannen, und Sie haben Ihre neue innere Stimme entwickelt, eine wichtige Verbündete, um sich Ihrer Angst zu stellen, indem Sie sich ihr aussetzen. Nutzen Sie diese Fähigkeiten, um sich den Aktivitäten zu widmen, die Sie bislang meiden, zum Beispiel Leute treffen, irgendwohin gehen und eine Körperhaltung einnehmen, die Sie normalerweise vermeiden. Keine Sorge, Sie können dabei ganz allmählich vorgehen, einen Schritt nach dem anderen. Beginnen Sie mit der niedrigsten und leichtesten Stufe. Lassen Sie die Habituation ihre Wirkung tun. Jeder Fortschritt bringt Sie auf die nächsthöhere Stufe, wo Sie schwierigere Erfahrungen zu bewältigen haben. Nehmen Sie noch einmal die Beispiele für Fluchtverhalten her, die sie oben aufgeschrieben haben. Entwickeln Sie daraus Ziele, wie Sie sich in Richtung einer besseren Körperzufriedenheit verändern wollen.

Schwierigkeitsgrad von 100 %

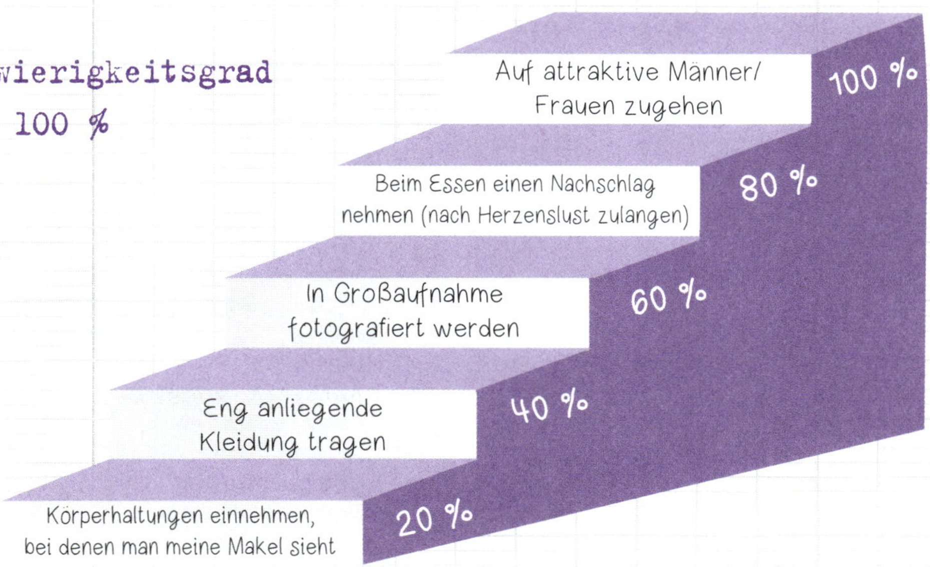

Meine Werte und mein Handeln

Jeder von uns hat ein bestimmtes Wertesystem und bestimmte Vorstellungen darüber, was ihm im Leben wichtig ist. Wie ein Kompass zeigen sie uns die Richtung an, die wir einschlagen sollen, um uns zu entfalten. Sie sind also wesentlich und können uns in unserem Verhalten im Alltag leiten. Leidvoll wird es, wenn unser Verhalten nicht mit unseren innersten Werten im Einklang ist.

Die Wertepyramide

Hier sehen Sie eine Auflistung von Werten. **Unterstreichen Sie diejenigen, die für Sie wichtig sind. Sortieren Sie sie anschließend** in der Pyramide **nach Wichtigkeit.** Der untere Teil der Pyramide entspricht den Werten, die in Ihren Augen am grundlegendsten sind. Mehrere Werte können derselben Ebene in der Pyramide zugeordnet werden. Sie können die Liste auch beliebig ergänzen.

Ehrgeiz
Liebe
Aussehen
Geld
Gesundheit
Unabhängigkeit
Soziale Kontakte
Selbstlosigkeit
Kreativität
Sport
Natur
Kompetenz
Sicherheit
Wissen
Religion
Risikobereitschaft

Prestige
Humor
Ehrlichkeit
Toleranz
Dankbarkeit
Komfort
Frieden
Stabilität
Hobbys
Freiheit
Gerechtigkeit
Familie
Beruflicher Erfolg
Freundschaft
Moral
Helfen
Kunst

Abenteuer
Umweltschutz
Persönliche Entwicklung
Harmonie
Teilhabe
Vergnügen
Macht
Reinheit
Qualität von Beziehungen
Persönliche Beziehungen
Paarbeziehung
Weisheit
Reputation
Selbstrespekt

Respekt vor anderen
Verantwortung/Pflichtbewusstsein
Wahrheit
Arbeit

Weitere Werte:

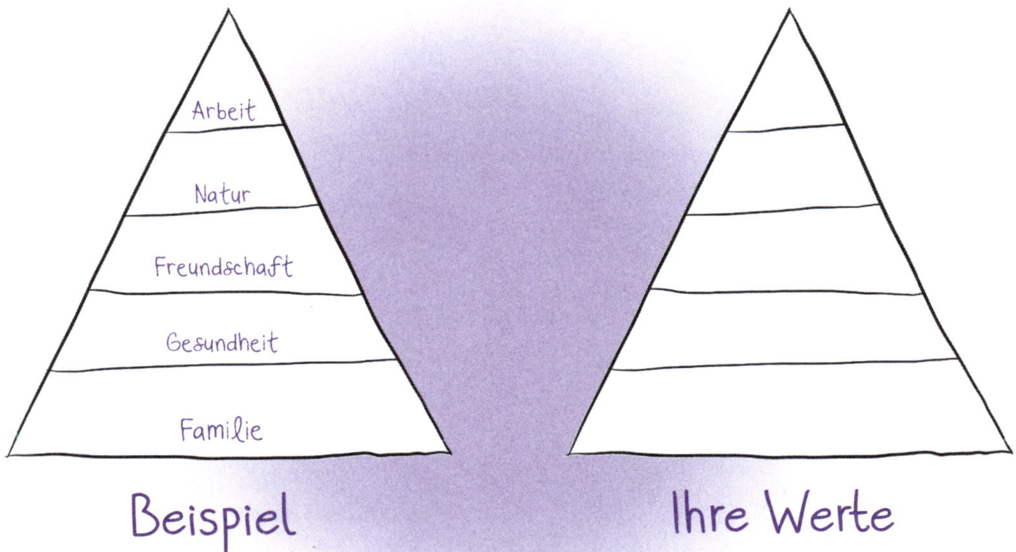

Wo erscheint das Aussehen in Ihrer Werteliste? Welchen Stellenwert hat es? Ist es wirklich das Wichtigste für Sie?

- ....

- ....

- ....

- ....

Es ist wichtig, dass Sie verstehen, was für Sie im Leben wirklich zählt. Überlegen Sie, ob das Leben, das Sie führen, Ihren Werten nahekommt. Weist Ihr Kompass in die richtige Richtung? Je mehr Sie sich durch Ihre Wahl, Ihre Entscheidungen oder Prioritäten von Ihren Wertvorstellungen entfernen, umso größer wird der Leidensdruck.

DEN MUT HABEN,

meinen Werten gemäß zu leben, zu handeln ...

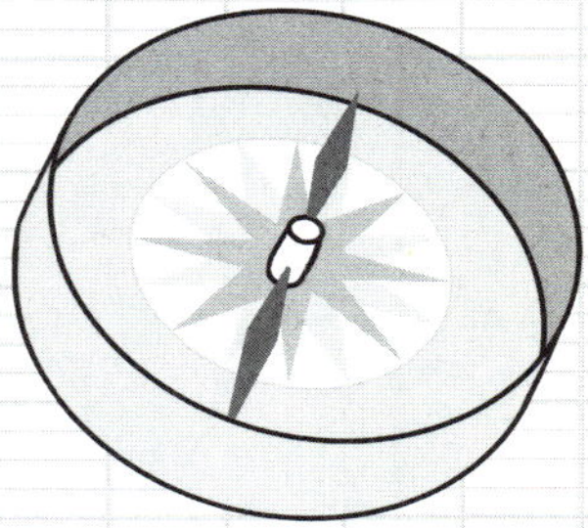

Leid, Flucht und Vermeidung ...

Schätzen Sie ein, ob Ihr Handeln, Ihr Verhalten im Einklang mit Ihren grundlegendsten Werten stehen. Möglicherweise haben Sie herausgefunden, dass der Wert Gesundheit Ihnen zwar sehr wichtig ist, aber trotzdem: Sobald Sie einen Gedanken haben wie »Ich bin eine Niete«, kapseln Sie sich ab und essen – leider! Das gefährdet Ihre Gesundheit und ist quälend für Sie. So handeln Sie nicht zuletzt Ihrem grundlegenden Wert, Gesundheit, zuwider. Wenn Sie dagegen die in diesem Übungsheft vorgeschlagenen Methoden anwenden, können Sie ein realistischeres Denken entwickeln und Ihr Verhalten mit Ihrem Wert in Einklang bringen. So wird persönliche Entfaltung möglich und wenn Sie dann beispielsweise schwimmen gehen oder eine andere Aktivität ausüben, um etwas für Ihre Gesundheit zu tun, fühlen Sie sich wohler.

Und nun Sie:

Welche Verhaltensweisen, die meinen Werten zuwiderlaufen, habe ich?	**Welches Verhalten, das im Einklang mit meinen Werten steht, kann ich einführen?**
Bsp.: Zu viel essen	Bsp.: Sport treiben

Verhaltensweisen, die im Einklang mit Ihrem Wertesystem stehen, können zu angestrebten Veränderungen werden, zu Herausforderungen, die Sie in Ihre Stufenleiter der Dinge, denen Sie sich nach und nach aussetzen wollen, einfügen. So entstehen fortschreitend neue Verhaltensweisen, die Platz schaffen für mehr Zufriedenheit mit dem eigenen Körper.
Eines ist klar: Sein Verhalten zu ändern und neue Arten des Handelns zu entwickeln ist keine leichte Sache. Anfangs wird es Sie durcheinanderbringen, Ihre Gewohnheiten zu verändern. Sie sind jedoch ausreichend gewappnet, um solche Änderungen anzugehen: Ihre neue innere Sprache, die Bauchatmung, Ihre Konfrontationsleiter und der Wertekompass sind Hilfsmittel, die Sie dabei unterstützen, Ihr Ziel zu erreichen.

Nehmen Sie auf Ihrer Treppe nach oben – weg vom Leiden, Vermeiden und Fliehen – immer nur eine Stufe auf einmal. Schätzen Sie Ihr Verhalten regelmäßig ein und wagen Sie es, sich Schritt für Schritt Ihren Werten anzunähern. Ihre fortschreitenden und wiederholten Bemühungen werden letztendlich dafür sorgen, dass Sie oben ankommen. Und durch die neuen Erfahrungen, die Sie dabei machen, werden Sie Ihren Körper immer mehr akzeptieren.

Ich liebe mich

»Unser Körper ist unser Garten und unser Wille der Gärtner.«

(William Shakespeare)

Ich versöhne mich mit meinem Körper

Damit eine Beziehung befriedigend ist, muss sie ausgewogen sein, sonst ist sie nicht von Dauer. In unglücklichen Beziehungen sind Geben und Nehmen nicht ausgeglichen und im gegenseitigen Austausch überwiegen die negativen Interaktionen gegenüber wenigen positiven. Wenn Sie nun an Ihren Körper wie an einen Freund denken, können Sie nur zu einer Schlussfolgerung kommen: Sie haben Ihren Freund in der Vergangenheit schlecht behandelt. Schreiben Sie daher in der ersten Übung einen Brief an Ihren Körper wie an einen Freund, so als wollten Sie die kaputte Beziehung zu ihm wieder einrenken.

Ein positiver Austausch ist wesentlich, um die Beziehung zu Ihrem Körper zu verbessern. Dazu gehört auch, dass Sie bestimmte Dinge tun, um positive Gedanken und Gefühle in Bezug auf Ihren Körper zu entwickeln. Mit einer bewussten Anstrengung ist es möglich, Ihren früheren negativen Erfahrungen entgegenzuwirken und noch einmal einen Neuanfang zu machen.

Lieber Körper,

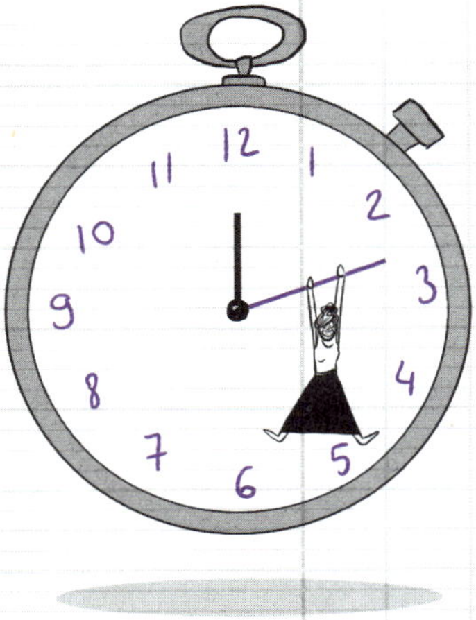

Die Minute für mich

Komplimente annehmen kann für jemanden mit einem negativen Körperbild schwierig sein. Dennoch erwarten Sie insgeheim Komplimente von anderen, weil sie Sie beruhigen. In Ihrer eigenen inneren Sprache kommen Komplimente dagegen nicht vor. Wenn jedoch Ihre neue innere Stimme positiver von Ihrem Äußeren spricht, stützt sich Ihr Körperbild weniger auf das Urteil anderer. Gleichzeitig können Sie Komplimente, die man Ihnen macht, leichter annehmen.

Sammeln Sie Komplimente, die Sie gerne hören würden oder die andere Ihnen machen, und schreiben Sie Ihre Vorzüge auf. Nehmen Sie sich jeden Tag eine Minute Zeit, sich selbst zu betrachten und die Komplimente zu lesen, um eine neue, positivere innere Stimme zu entwickeln.

Zum Beispiel: »Du hast schöne Augen.«

–

–

–

–

–

–

Desgleichen sollten Sie von nun an Komplimente, die andere Ihnen machen, annehmen mit den Worten: »Danke, das freut mich wirklich!« Das wird dazu beitragen, dass Sie schnell ein größeres Selbstvertrauen gewinnen.

Gut für mich sorgen

Um positive körperliche Erfahrungen zu machen und unseren Körper angemessen zu behandeln, stehen uns drei Möglichkeiten zur Verfügung: 1. Gesundheit und körperliche Fitness, 2. mit Empfindungen verbundene Erfahrungen und 3. mit dem Aussehen verbundene Erfahrungen. Einige davon vermitteln uns ein berauschendes Vergnügen, andere das Gefühl der Körperbeherrschung.

Schreiben Sie mindestens vier Aktivitäten auf, die mit Gesundheit und körperlicher Verfassung bzw. Fitness in Verbindung stehen und die Sie schnell realisieren wollen.

Zum Beispiel: wieder Rad fahren.

-
-
-
-

Schreiben Sie mindestens vier Aktivitäten auf, die mit Empfindungen in Verbindung stehen und die Sie schnell verwirklichen wollen.

Zum Beispiel: mir eine Wellness-Massage gönnen

-
-
-
-

Schreiben Sie mindestens vier Aktivitäten auf, die mit dem Aussehen in Verbindung stehen und die Sie schnell verwirklichen können.

Zum Beispiel: braun werden

-
-
-
-

»Es gibt etwas, was unserem inneren Wesen mehr entspricht als unser Gesicht: Das ist unser Gesichtsausdruck. Und es gibt etwas, was uns noch mehr entspricht als unser Gesichtsausdruck: Das ist unser Lächeln.«

Victor Hugo

Lächeln

Es kann sein, dass Sie sich der Außenwelt im Allgemeinen mit verschlossenem Gesicht und abwehrender Haltung präsentieren, wodurch sich Ihr emotionales Unbehagen verrät. Doch Ihr Gesichtsausdruck im Kontakt mit anderen wirkt sich ebenso sehr, wenn nicht sogar noch mehr aus als das, was Sie sagen. Während ein Lächeln Ihre Umgänglichkeit und Ihr Interesse zeigt und eben dadurch Menschen anzieht, drückt ein verschlossenes Gesicht Feindseligkeit aus und weckt bei Ihrem Gegenüber Misstrauen.

Ein gesenkter Blick und angespannte Gesichtszüge halten Sie in Ihrer Welt der irrationalen Überzeugungen gefangen, in der andere – wie Sie annehmen – gnadenlos wertend sind. Dadurch entfernen Sie sich von Ihren Mitmenschen.

Öffnen Sie die Augen, heben Sie den Kopf, blicken Sie die anderen an, lächeln Sie. Ein ungeahntes Beziehungspotenzial wird sich Ihnen eröffnen!

Mich wertschätzen

Selbstachtung, Selbstvertrauen sind die Wurzeln unseres Wesens. Selbstvertrauen zu haben bedeutet allerdings nicht, dass man vollkommen, unfehlbar oder unerschütterlich ist, wie häufig angenommen wird. Es heißt vielmehr, dass man lernt, sich selbst so zu akzeptieren, wie man ist, mit allen seinen Mängeln und Vorzügen. Daraus kann eine ungeahnte Stärke erwachsen.

Die 5 Eigenschaften meines Freundes/meiner Freundin:

Denken Sie an eine(n) Freund(in), die oder den Sie wirklich gernhaben. Schreiben Sie auf die rechte Seite der Liste 5 Eigenschaften, für die Sie die oder den Betreffende(n) wertschätzen (zum Beispiel er/sie ist lustig, intelligent etc.). In die linke Seite der Liste tragen Sie das jeweilige Gegenteil dieser Eigenschaften ein (zum Beispiel könnte mürrisch das Gegenteil von lustig sein oder dumm das Gegenteil von intelligent). Anschließend geht es darum, diesem Freund oder dieser Freundin eine Note von 10 möglichen Punkten für jede dieser guten Eigenschaften zu geben, anders gesagt, einzuschätzen, wie ausgeprägt diese Eigenschaft bei ihm oder ihr ist (zum Beispiel, ihre/seine Intelligenz liegt bei 8/10, er/sie ist lustig mit einer Ausprägung von 7/10). Markieren Sie dafür mit einem blauen Stift die betreffende Stelle auf den Linien mit einem Kreuz.

Was ist das jeweilige Gegenteil dieser 5 Eigenschaften?

Welche 5 guten Eigenschaften hat mein(e) Freund(in)?

.... |——————|——————| ....

0 5 10

.... 0 —— 5 —— 10 ....

.... 0 —— 5 —— 10 ....

.... 0 —— 5 —— 10 ....

.... 0 —— 5 —— 10 ....

Ist dieser Schritt beendet, nehmen Sie einen grünen Stift und denken Sie an sich selbst. **Wie weit sind diese 5 Eigenschaften auch bei Ihnen ausgeprägt? Markieren Sie die betreffende Stelle auf den Linien mit einem grünen Kreuz.**

Sie mögen Ihre(n) Freund(in) wegen dieser Eigenschaften. Und wenn Sie einige davon ebenfalls haben, sind Sie folglich ebenfalls ein liebenswerter Mensch. Sie schätzen Ihre(n) Freund(in) ja nicht wegen ihres/seines Aussehens, sondern wegen der inneren Werte. Und aus demselben Grund werden auch Sie gemocht.

Zum Schluss

Bravo! Sie sind am Ende dieses Heftes angelangt. Sie haben Ihren Teil beigetragen, und Ihre Bemühungen werden sich auszahlen. Arbeiten Sie weiter daran, Ihr Körperbild zu verbessern, bereiten Sie sich heute auf morgen vor. Es lohnt sich!

Auf den vorangegangenen Seiten haben wir versucht, Ihnen zu helfen, Ihre Körperunzufriedenheit zu verstehen, zu sehen, wie sie in Ihr Leben Einzug gehalten hat und warum sie sich noch heute darin hält. Wir haben Hilfsmittel vorgestellt, um Sie dabei zu unterstützen, sich wohler in Ihrem Körper zu fühlen, Ihre Makel zu akzeptieren und ein sinnerfülltes Leben im Einklang mit Ihren Werten führen zu können.
Die Veränderungen in Ihnen zeigen sich darin, wie Sie sich selbst wahrnehmen, wie Sie zu sich sprechen, sich verhalten und sich selbst lieben. Wir hoffen, dass diese wenigen Betrachtungen über das Körperbild Ihnen einen Anstoß geben konnten, mit der Welt, mit anderen, mit sich selbst und Ihrem Körper auf eine ganz neue Art und Weise in Beziehung zu treten.

Kleine Taschenbibliothek

André, Christophe/Ricard, Matthieu u. a.: *Das Geheimnis einer glücklichen Seele. Positive Psychologie in der Praxis,* hrsg. von Ilios Kotsou und Carolin Lesire, Scorpio: München 2015.

Brähler, Christine: *Selbstmitgefühl. Vom liebevollen Umgang mit sich selbst [Achtsam leben],* Scorpio: München 2015.

Brunhoeber, Stefan: *Keine Angst vorm Spiegel. Der Weg zur Körperakzeptanz,* Stillwasser: Bielefeld 2013.

Cash, Thomas F.: *The Body Image Workbook. An Eight-Step Program for Learning to Like your Looks,* New Harbinger Publications: Oakland, CA, [2]2008.

Kotsou, Ilios: *Emotionale Intelligenz [Das kleine Übungsheft],* Trinity, München 2012.

Miller, William R./Rollnick, Stephen: *Motivierende Gesprächsführung,* Lambertus: Freiburg [3]2009.

Thalmann, Yves-Alexandre: *Positive Psychologie [Das kleine Übungsheft],* Trinity: München 2014.

van Stappen, Anne: *Selbstliebe [Das kleine Übungsheft],* Trinity: München 2012.

Wilhelm, Sabine: *Fühl dich schön! Ein Selbsthilfeprogramm bei Problemen mit dem Körperbild,* Hans Huber: Bern 2011.

DAS KLEINE ÜBUNGSHEFT

Willkommen in der Bibliothek der guten Gefühle

Entdecken Sie viele weitere Themen aus der charmanten Bestseller-Reihe.

Abonnieren Sie unseren Newsletter und erhalten Sie die aktuellsten Informationen aus den Bereichen Lebenskunst, persönliche Entwicklung, Erfolg und Sexualität.

Einmal pro Woche stellen wir Ihnen eines der kleinen Übungshefte mit einer Übung der Woche genauer vor.

Alle Hefte können Sie – innerhalb Deutschlands versandkostenfrei – direkt auf der Website bestellen.

www.die-kleinen-uebungshefte.de

TRINITY

Die kleinen Übungshefte gibt es zu diesen Themen:

Gelassen und glücklich leben

- Entdecke die innere Fee in dir
- Glückstraining
- Lebensfreude im Alltag
- Mit Selbsthypnose entspannen und loslassen
- Positive Psychologie
- Positives Denken für Skeptiker
- Wieder Begeisterung empfinden
- Zen, sexy und happy

Loslassen, was belastet

- Mühelos überzeugen in jeder Lebenslage
- Endlich frei von Schuldgefühlen
- Krisen bewältigen
- Loslassen
- Schluss mit dem Rauchen
- Stark durch Resilienz
- Zorn positiv nutzen
- Zum Wohlfühlgewicht ohne Stress

Die eigenen Potenziale entwickeln

- Das Gesetz der Anziehung
- Entdecke dich selbst mit Stift und Pinsel
- Gelassen Ziele erreichen
- Lebensträume verwirklichen
- Den inneren Arzt aktivieren
- Mut zur Veränderung
- Positives anziehen
- Selbstbewusstsein
- Steh auf, dein Leben wartet!
- Verborgene Talente entdecken

Sich Zeit für das Wesentliche nehmen

- Ausmisten und wieder durchatmen
- Besser leben ohne Stress
- Digital Detox – einfach öfter mal abschalten
- Entschleunigen
- Für eine bessere Welt
- Zen in einer bewegten Welt

Achtsam und zentriert leben

- Achtsamkeit
- Ho'oponopono
- Meditationen für jeden Tag
- Spiritualität im Alltag
- Wahrhaftig sein sich selbst und anderen gegenüber

Sich anderen Menschen öffnen

- Emotionale Intelligenz
- Freunde gewinnen und bessere Beziehungen führen

Klug und liebevoll kommunizieren

- Die Kunst, Gesichter zu lesen
- Geheimnisse der Körpersprache verstehen
- Gewaltfreie Kommunikation
- Grenzen setzen – Nein sagen
- Konflikte meistern und harmonische Beziehungen führen
- Mit schwierigen Zeitgenossen umgehen
- Psychospiele durchschauen und die eigene Rolle verändern

Andere und sich selbst lieben

- Das Geheimnis glücklicher Paare
- Die Heilkraft der Liebe nutzen
- Eifersucht verstehen und überwinden
- Frieden schließen mit dem eigenen Körper
- Seelische Wunden heilen
- Seelische Wunden verstehen
- Selbstliebe
- Sei gut zu dir selbst
- Sich selbst und andere lieben